Le Livre du Premier Age

PARIS

LIBRAIRIE DELALAIN

115, Boulevard Saint-Germain.

G. BOISSEAU

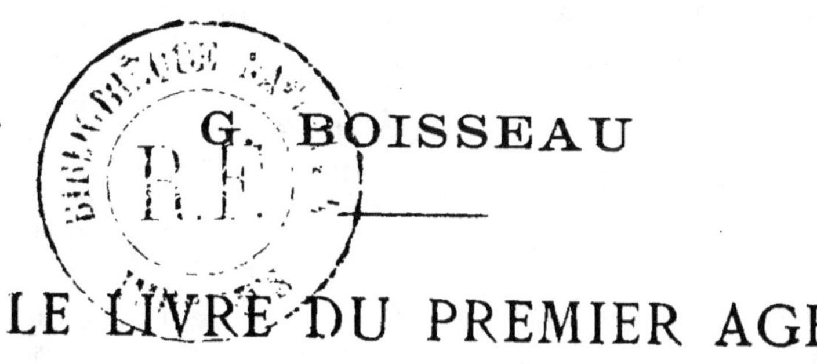

LE LIVRE DU PREMIER AGE

G. BOISSEAU

INSTITUTEUR PRIMAIRE

Auteur du « Vocabulaire de l'Enfance »

Le Livre du Premier Age

Enseignement intuitif et simultané

160 Gravures

Conseils pédagogiques

3e ÉDITION

Lecture

Écriture

Orthographe

Calcul et Dessin

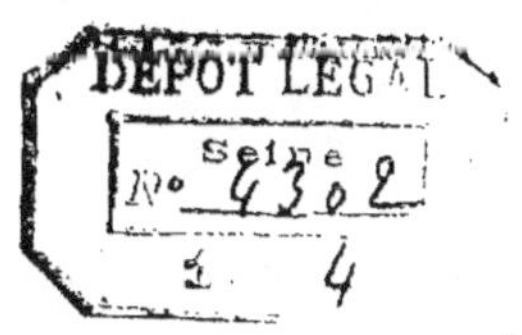

PARIS

IMPRIMERIE ET LIBRAIRIE CLASSIQUES

DELALAIN FRERES

115, BOULEVARD SAINT-GERMAIN, 115

PRÉFACE.

Le *Livre du Premier Age* que nous publions n'est pas seulement, à proprement parler, une méthode de lecture, mais plutôt un *Cours d'initiation*, où le tout jeune enfant, en arrivant en classe, trouvera les premiers éléments des choses à la portée de son esprit. Outre l'étude de la lecture, notre petit livre comprend celle de l'*écriture*, de l'*orthographe*, du *calcul* et du *dessin*, offrant ainsi une *variété d'exercices* qui plaît à l'élève et contribue à *captiver son attention*.

Cet ouvrage est le résultat d'une *longue expérience* et d'une *pratique raisonnée des observations personnelles* que nous avons pu recueillir chez les tout petits; aussi présentons-nous notre méthode au personnel enseignant et aux familles, avec la certitude que son emploi produira des résultats très satisfaisants.

Cette méthode se distingue par quelques caractères essentiels :

Un *ordre rigoureux* est établi dans l'*étude des lettres*, afin de mener de front, très facilement, la *lecture* et l'*écriture*.

De *nombreuses gravures* rappellent, par *association d'idées*, le *son des lettres* qui les accompagnent, soulageant ainsi considérablement la mémoire de ces jeunes élèves qui ont à retenir tant de formes, de noms et de sons différents.

Pour *rendre attrayante* cette étude trop souvent aride, les gravures sont choisies de façon à exciter la *curiosité des enfants*, et à donner lieu à quelques *causeries agréables* avec le maître.

Aux *caractères d'imprimerie* sont joints les *caractères d'écriture* permettant de compléter la leçon de lecture par la *copie* sur l'ardoise ou le cahier.

Des *caractères rouges* représentent les *voyelles* et les *diphtongues*, évitant ainsi la confusion dans l'assemblage des lettres et des sons.

Dans chaque leçon, nous combinons les lettres entre elles pour amener les élèves à pouvoir lire rapidement des *syllabes*, des *mots* et des *phrases qui aient un sens pour eux*, et afin qu'ils puissent écrire sans difficulté sous la dictée du maître. Chacun sait combien est heureux l'enfant qui arrive à lire couramment sur son petit livre une historiette qu'il comprend !

Des exercices très simples de *calcul* et de *dessin* sont destinés à *occuper utilement l'enfant*, tout en l'amusant.

Enfin, divers procédés d'enseignement, spéciaux à notre méthode, seront mis en pratique avec profit, grâce aux *conseils pédagogiques* qui sont indiqués à la fin de chaque leçon et qui pourront éviter des errements souvent préjudiciables dans les débuts.

De la sorte, les familles pourront seconder les maîtres; les élèves seront amenés promptement à la lecture courante, sans aucun préjudice pour l'orthographe; ils sauront écrire, copier et calculer; leur langage sera quelque peu amélioré et leur esprit enrichi des premières connaissances indispensables. Ils pourront donc plus avantageusement suivre les leçons du Cours Préparatoire.

G. BOISSEAU.

MODE D'EMPLOI.

La 1er Leçon de Lecture.

Le maître. — Mes petits enfants, nous allons aujourd'hui commencer l'étude de la lecture; voici un petit livre qui s'adresse à vous, et sur lequel vous trouverez de belles images et aussi des lettres dont vous vous efforcerez de retenir le nom. Ouvrez donc ce livre à la première page et regardez la première gravure. Que représente-t-elle?

Tous les élèves. — Un cheval, monsieur.

Le maître. — Oui, c'est un cheval; est-il en liberté?

Les enfants. — Ah! non, monsieur, il est attaché, car il se sauverait.

Le maître. — Vous pensez que ce cheval s'enfuirait? Le cheval est donc un animal sauvage?

Les enfants. — Le cheval n'est pas sauvage, mais...

L'un des enfants. — Ah! monsieur, notre Ramona est bien docile, il est content quand on le flatte; il ne se sauverait pas, lui!

Le maître. — Mes enfants, le cheval est en effet un animal bien docile; mais cependant si son maître l'abandonne pendant un temps trop long, il s'ennuie et pourrait parfaitement retourner à sa demeure. — Avez-vous déjà vu un cheval qui s'ennuie? Que fait-il?

Les enfants. — Oui, monsieur. — Moi, dit Pierre, j'ai vu celui de notre voisin à la porte du boucher, il aurait bien voulu être parti, il grattait, il...

Le maître. — Il appelait, n'est-ce pas? On dit qu'il hennissait. — Comment faisait-il?

Pierre hésitant. — Monsieur, il faisait i...i...i...!

Le maître. — Hé bien! on a représenté ici le cri du cheval par cette lettre qui s'appelle **i.**

Répétez tous **i.**

Tous les enfants. — i...i...i.

Le maître. — Voyez, c'est un bâton avec un point dessus (vous savez déjà tracer un bâton), on le trace comme ceci.

(Le maître montre en l'air avec le doigt et ensuite trace la lettre au tableau et fait répéter le signe par les élèves.)

Il procédera de même pour les lettres **u** *et* **t** *et arrivera ensuite aux syllabes* **ti, tu.**

Le maître. — Je trace donc ce **t** au tableau ; voici les deux autres lettres **i** et **u**.

(Il enverra les élèves montrer et nommer l'une de ces trois lettres, afin de s'assurer qu'ils ont bien retenu le nom.)

Si à côté de ce **t**, je mets un **i** (je le trace à la craie rouge pour vous le faire mieux distinguer), cela fera ? **t**...

Les enfants. — **ti.**

Le maître. — J'efface l'**i** et je mets **u** ; cela fera ?

Les enfants. — **tu.**

(Le maître demandera ensuite aux enfants quelles lettres il faut pour faire **ti** ? *pour faire* **tu** ?

Le maître. — Maintenant, mes enfants, vous allez prendre votre ardoise et vous y tracerez ces trois lettres et ensuite les syllabes **ti, tu**, comme elles le sont sur votre petit livre, et remarquez bien comment vous devez tenir votre crayon et comment vous devez vous placer.

(Le maître leur répétera quelques conseils à ce sujet et leur fera remarquer les gravures qui seront toujours là pour fixer dans leur esprit la bonne tenue de la plume et du corps.)

Avant de passer à la deuxième leçon, le maître s'assurera que les élèves n'ont pas oublié la première et il procédera de la même façon.

Entre la leçon d'écriture et la seconde leçon de lecture, il pourra aussi commencer à les faire compter (*voir la 11e page*) et à leur faire tracer quelques lignes de l'exercice de dessin.

Pour cela, il pourra employer des moniteurs, qu'il lui sera facile de surveiller tout en s'occupant des élèves plus avancés.

Remarque. — Il est bien certain que les enfants n'arriveront pas dès le 1er jour à tracer d'une manière parfaite des **i**, des **u**, et des **t**, et on devra tout d'abord les habituer à écrire des bâtons pour arriver à leur faire tracer ces lettres, en leur guidant la main. On leur fera répéter cet exercice assez souvent, et ainsi ils arriveront à le faire d'une manière satisfaisante. Du reste, on n'exigera pas une écriture parfaite de ces lettres, avant de passer aux suivantes ; ce n'est que peu à peu que les enfants acquerront la facilité d'écrire convenablement, et il y aura pour cela les leçons spéciales et communes d'écriture, cet exercice n'étant pour ainsi dire qu'une copie de la leçon, destinée à fixer davantage la forme des lettres dans l'esprit des élèves.

Bonne tenue de la plume.

Mauvaise tenue de la plume.

Position à prendre pour écrire.

Le Livre du Premier Age

PREMIÈRE PARTIE

LETTRES DROITES.

1ᵉʳᵉ Leçon.

Le cheval en hennissant fait : i... i...

Le charretier crie à son cheval : **hue** !

La montre fait : **t'**... **t'**...

i *i*

Bâton avec un point
dessus.

u *u*

2 bâtons qui se relient.

t *t* (Prononcer *te*).

Long bâton barré en haut
et à droite.

ti *ti*   **tu** *tu*   **ti** *ti*

ti; ti; ti   *tu; tu; tu*   *ti; ti; ti*

2ᵉᵐᵉ Leçon.

L'enfant pour dire *non*
fait : n^e... n^e...

Le bébé pour appeler sa maman
dit : m^e... mⁿ...

L'enfant pour appeler son papa
dit : p^e... p^e...

(Prononcer *ne*).

n *n*

2 jambages.

(Prononcer *me*).

m *m*

3 jambages.

(Prononcer *pe*).

p *p*

Grand bâton
accompagné
d'un jambage.

ni,   nu,   mi,   mu,   pi,   pu

ni,   nu,   mi,   mu,   pi,   pu

mi-ni,   mu-ni,   u-ni,   pu-ni,

mini,   muni,   uni,   puni,

mi-mi,   ni-ni,

mimi,   nini.

LETTRES RONDES.

3ᵉᵐᵉ Leçon.

La poule
en appelant ses poussins
fait : cᵉ... cᵉ... cᵉ...

(Prononcer *ke*).

c c

Faire un point
et un jambage recourbé.

La poule a pondu
un œuf : e.

e e

Le point est remplacé
par une boucle.

En voyant ce malheur
tous s'écrient : **oh** !

o o

Faire un *c* fermé.

Les enfants
en voyant l'arc-en-ciel
crient : **ah** ! **ah** !

a a

Faire un *o* et un *i* (sans point)
qui se touchent.

te *te,*   to *to,*   ta *ta,*   ne *ne,*   no *no*

na *na,*   pe *pe,*   po *po,*   pa *pa,*   me *me*

mo *mo,*   ma *ma,*   cu *cu,*   co *co,*   ca *ca*

MOTS.

pu-ni,   pa-ta-te,   to-ma-te,   mi-nu-te,

puni,   patate,   tomate,   minute,

mo-no-to-ne, te-nu, mi-ne, ca-ne,

monotone, tenu, mine, cane,

pa-pa, pi-pe, pe-ti-te, no-te,

papa, pipe, petite, note.

CONSEILS PÉDAGOGIQUES.

Lecture. — Se servir des gravures pour fixer le son des lettres dans la mémoire des enfants ; faire lire les syllabes *te*, *to*, etc., en épelant et ensuite sans épeler ; les mots *puni*, *patate*, etc., seront lus sans épeler.

Écriture. — Faire tracer sur l'ardoise ou le cahier les lettres étudiées, en s'inspirant des remarques indiquées sous chacune d'elles. — Habituer aussi les élèves à tracer les lettres *en l'air* et avec le doigt ; au commandement de 1, 2, 3, les élèves tracent ensemble la direction de chaque partie de la lettre.

Orthographe. — Dicter, après la lecture et l'écriture, les mots ci-dessus, qui seront épelés d'abord de **vive** voix, et ensuite écrits ensemble au tableau noir.

Causeries. — La *poule* et ses œufs. — *Secours* à ses semblables. — *L'arc-en-ciel.*

4ème Leçon.

RÉCAPITULATION. — PHRASES.

i, u, t, n, m, p, c, e, o, a.

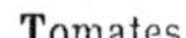

Tomates.

to-to a u-ne to-ma-te.

toto a une tomate.

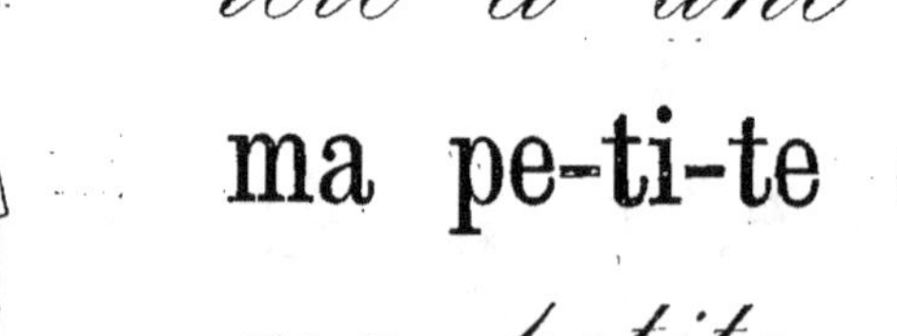

Ma capote.

ma pe-ti-te ca-po-te.

ma petite capote.

pa-pa a u-ne pi-pe.

papa a une pipe.

EXERCICES DE CALCUL ET DE DESSIN.

Habituer les élèves à compter les billes ci-dessous et à reconnaître les chiffres. — Faire tracer les lignes au crayon.

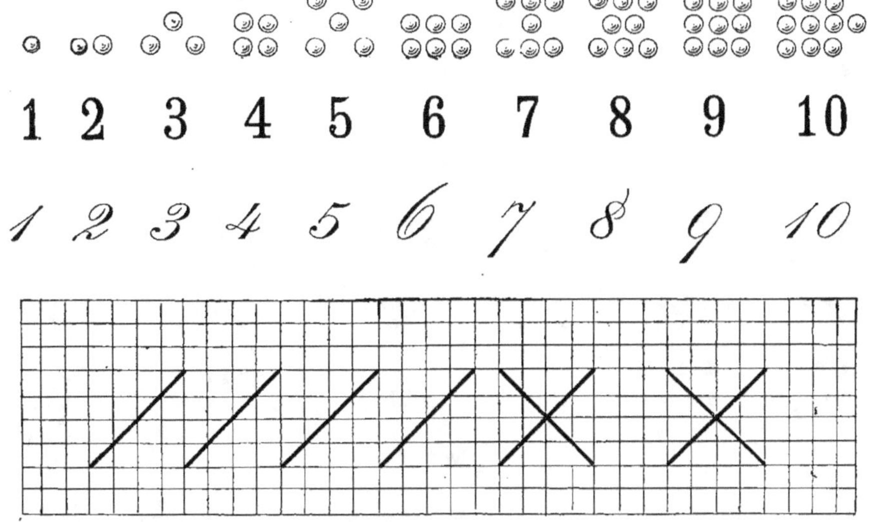

1 2 3 4 5 6 7 8 9 10

CONSEILS PÉDAGOGIQUES

Lecture. — Faire lire sans épeler la leçon de récapitulation.

Écriture. — Habituer les élèves à écrire sans séparer les syllabes d'un même mot.

Orthographe. — Dicter les phrases ci-dessus en observant le même procédé qu'à la leçon précédente.

Calcul. — Faire compter des objets jusqu'à 10 ; habituer les élèves à reconnaître et à tracer les chiffres.

Dessin. — Exiger de l'application dans le tracé des lignes ; répéter l'exercice jusqu'à bonne exécution.

Causeries. — La *tomate* : sa couleur, son emploi. — Le *canard* : forme de son corps, de ses pattes, sa couleur, son utilité. — La *pipe* : en quoi elle est, son usage ; bienfaisante ou malfaisante ?

5ᵉᵐᵉ Leçon.

Le café.

La mère.

La pêche.

é *é*

Se prononce la bouche
presque fermée.

è *è*

Se prononce la bouche
plus ouverte.

ê *ê*

Se prononce la bouche ouverte
et en traînant.

ô (Lire en traînant.) â î

té, tè, tê, mé, mè, mê
té, tè, tê, mé, mè, mê
tô, tâ, tî, mô, mâ, mî

MOTS.

a-me-né, tê-te, i-mi-té,
amené, tête, imité,
mu-ti-né, no-té, pâ-te, cô-te,
mutiné, noté, pâte, côte.

☞ *Voir* Conseils pédagogiques, p. 16.

6ᵉᵐᵉ Leçon.

Le petit enfant dit : mon dᵉ... dᵉ...

La poule fait : qᵉ... qᵉ...

Pour retenir son cheval,
cet homme dit : rᵉ... rᵉ...

(Prononcer *de*).

(Prononcer *ke*).

(Prononcer *re*).

d *d*   **q** *g* ou **qu**   **r** *r*

Faire un *o* et un *t* non barré.

Faire un *o* et un grand bâton
à côté.

Faire un crochet qui se continue
par un jambage,

da, do, di, de, du, dé, dè

da, do, di, de, du, dé, dè

ra, ro, ri, re, ru, ré, rè

ra, ro, ri, re, ru, ré, rè

qua, quo, qui, que, qué

qua, quo, qui, que, qué

☞ *Voir* Conseils pédagogiques, p. 16.

MOTS.

do-mi-no, do-ré, é-tu-de, do-mi-né, re-ti-ré, mé-ri-té, mè-re, ra-me-né, quo-ti-té, nu-mé-ro-té, ma-ri-a.

CONSEILS PÉDAGOGIQUES.

Lecture. — Habituer les élèves à bien prononcer les *é* ouverts ou fermés. — Faire épeler *qu*e-*a, qua*, et non pas *q-u-a, qua*. — Faire lire les mots sans épeler.

Écriture. — Orthographe. — Dessin. — Calcul. — Mêmes observations.

Causeries. — Chaque gravure donnera lieu à une causerie.

7ème Leçon.

RÉCAPITULATION. — PHRASES.

pa-pa a pu-ni ma pe-ti-te ca-ma-ra-de qui a ri.

papa a dîné à midi d'une tomate.

ma mè-re a re-ti-ré u-ne é-pi-ne de ma tê-te.

maria a paru rire de ma timidité.

i-rè-ne a ra-me-né re-né qui a é-té pu-ni.

remi a tiré une pipe du canada.

1, 2, 3, 4, 5, 6, 7, 8, 9, 10

EXERCICES DE CALCUL ET DE DESSIN.

Compter les fruits en indiquant leur nom. — Tracer les lignes sur l'ardoise ou le cahier.

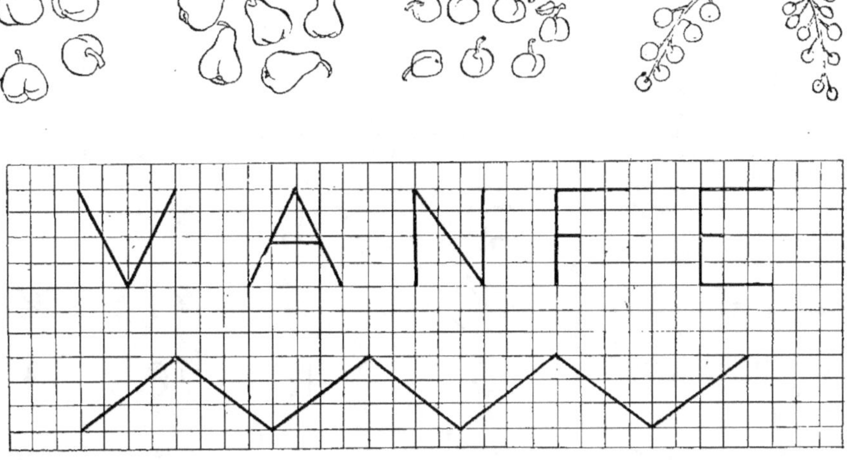

CONSEILS PÉDAGOGIQUES.

Écriture. — Habituer les élèves à écrire les mots qu'ils ont lus et qui ne sont pas écrits en cursive sur le livre. — Explication des mots : *papa, camarade, dîner, midi, timidité.*

Calcul. — Faire compter les fruits en indiquant leur nom ; continuer ces exercices avec d'autres objets : bûchettes, billes, etc. — Faire écrire les nombres au moyen du procédé Lamartinière[1].

Dessin. — Faire remarquer la direction des lignes et répéter le même exercice autant de fois qu'il sera nécessaire.

Causeries — *Les repas :* déjeuner, dîner. — *La famille :* nom de ses membres, leur union.

1. Une question posée, tous les élèves écrivent la réponse sur leur ardoise ; à un signal du maître, tous lèvent l'ardoise pour montrer le résultat trouvé.

8ᵉᵐᵉ Leçon.

L'enfant en excitant le chien
lui fait : xᵉ... xᵉ... xᵉ...

(Prononcer *xe*).

Le vent qui souffle fait :
vᵉ... vᵉ...

(Prononcer *ve*).

Le jet de vapeur en sortant
fait : sᵉ... sᵉ...

(Prononcer *se*).

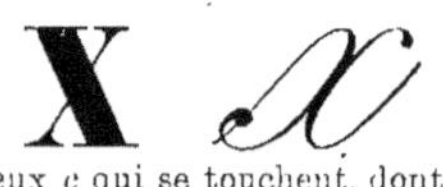

Deux *c* qui se touchent, dont
le premier est renversé.

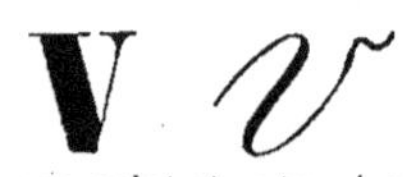

Un *i* sans point et se terminant
par un crochet.

Un délié fait en montant
et un plein sinueux.

xi,	xo,	xa,	xu,	xe,	xé
xi,	*xo,*	*xa,*	*xu,*	*xe,*	*xé*
vi,	vo,	va,	vu,	ve,	vè
vi,	*vo,*	*va,*	*vu,*	*ve,*	*vè*
si,	so,	sa,	su,	se,	sê
si,	*so,*	*sa,*	*su,*	*se,*	*sé*

MOTS.

ri-xe, sa-xe, ta-xe, a-xe, ma-xi-me,

me-xi-que, ri-ve, ra-ve, va-ni-té,

☞ *Voir* Conseils pédagogiques, p. 19.

ca-ra-va-ne, é-va-po-ré, vi-te, a-va-re, rê-ve, vo-te, cu-ve, ca-ve, a-vi-né, pa-vé, sa-me-di, sû-re-té, sa-pi-ne, se-mé, sa-ti-né, sa-ti-re, sa-va-te, sé-né, sé-pa-ré, sè-ve, si-rè-ne, si-te.

9ème Leçon.

c = s devant e, i — ce *ce*, ci *ci*, cé *cé*, ra-ce, vi-ce

ç = s devant a, o, u — ça *ça*, ço *ço*, çu *çu*, re-çu, cu-ra-ça-o

ca, ça, co, ço, ce, ci, cu, çu ci-re, ca-ri-ca-tu-re.

CONSEILS PÉDAGOGIQUES.

Lecture. — Faire épeler les syllabes et ensuite lire les mots sans épeler; faire remarquer que le c a le son de s devant e, i, ou, quand il y a une cédille dessous, devant a, o, u. — Explication des mots : *cire, cave, cuve, rave, rive, vanité, avare*, etc.

Écriture. — **Orthographe.** — **Dessin.** — **Calcul.** — Mêmes observations que précédemment.

Causeries. — *La vanité :* ce que fait le vaniteux; faut-il l'imiter? — *L'avare :* ce qu'il fait. — *La cuve :* ouvrier qui l'a faite, son usage. — *La cire et le miel :* ce qui les produit, leurs usages.

10ᵉᵐᵉ Leçon.

RÉCAPITULATION. — MAJUSCULES.

i u t n m p

I U T N M P

I-rè-ne, U-ri, Ta-ci-te, Ni-ce, Ma-dè-re,

Irène, Uri, Tacite, Nice, Madère,

Pâ-que, Pâque.

c e o a d q r

C E O A D Q R

Ca-na-da, É-né-i-de, O-cé-a-ni-de, A-mé-ri-que,

Canada, Enéide, Océanide, Amérique,

Do-mi-ni-que, Qui-to, Ra-ci-ne,

Dominique, Quito, Racine.

☞ *Voir* Conseils pédagogiques, p. 21.

11, 12, 13, 14, 15, 16, 17, 18, 19, 20

11ème Leçon.

PHRASES.

Ta-ci-te a pa-vé sa ca-ve sa-me-di. — I-rè-ne a ra-me-né ma mè-re du Me-xi-que. — Do-mi-ni-que a é-té re-te-nu u-ne mi-nu-te. — Re-né a é-té vê-tu à Ni-ce. — Ma-da-me a pu-ni I-rè-ne qui a ri de Ma-ri-a. — Ra-ci-ne a du mé-ri-te.

Tacite a pavé sa cave samedi.

Irène a ramené ma mère du Mexique.

Dominique a été retenu une minute.

Madame a puni Irène qui a ri.

CONSEILS PÉDAGOGIQUES.

Lecture. — Habituer les élèves à reconnaître les majuscules et à les tracer, lire les mots sans épeler.

Écriture et Orthographe. — Faire copier les mots sans séparer les syllabes et les dicter ensuite, soit en employant le procédé Lamartinière, soit en envoyant tous les élèves ensemble sur les tableaux noirs. Faire remarquer ce qu'on appelle syllabes, mots, phrases ; faire compter les syllabes des mots et les mots des phrases ; parler des noms de personnes, d'animaux et de choses et les faire chercher oralement ; emploi des majuscules devant les noms propres et après un point.

Causeries. — *Nice :* ce qu'on y remarque. — *L'Amérique :* aspect, situation.

LETTRES BOUCLÉES.

12ème Leçon.

Pour demander du lait
l'enfant dit : du lᵉ... lᵉ...

(Prononcer *le*).

l *l*

Faire un *e* à grande boucle.

Le marteau fait : bᵉ... bᵉ...

(Prononcer *be*)

b *b*

Faire un *l* terminé par un crochet.

Le jet de la pompe
fait : jᵉ... jᵉ...

(Prononcer *je*).

j *j*

Faire un *i*
terminé en bas
par une boucle.

la, le, li, lo, lu, lé, lè, lê

la, le, li, lo, lu, lé, lè, lê

ba, be, bi, bo, bu, bé, bè, bê

ba, be, bi, bo, bu, bé, bè, bê

ja, je, ji, jo, ju, jé, jè, jê

ja, je, ji, jo, ju, jé, jè, jê

☞ *Voir* Conseils pédagogiques, p. 23.

MOTS.

la-me, li-re, lo-to, vi-ro-le, lu-mi-è-re, vo-lu-me, lu-ne, li-me, é-lè-ve, ca-ra-co-le, o-li-ve, mu-le, la-ve, ma-la-de, bi-le, ba-ve, bo-xe, bê-te, bu-be, tu-be, bo-bo, bo-bi-ne, ca-ba-ne, a-ra-be, a-bî-me, ro-be, bu-te, ba-ra-que, ba-ba, ba-bi-o-le, j'i-mi-te, ju-pe, ja-va, jo-ve, jo-li, ma-jo-ri-té, ju-re, ja-ve-li-ne.

MAJUSCULES.

X _x_   V _v_   S _s_   l _l_   b _b_   j _j_

X _X_   V _V_   S _S_   L _L_   B _B_   J _J_

Xa-vi-è-re, Va-lè-re, Sa-la-mi-ne, La-ma,

Xavière, Valère, Salamine, Lama,

Ba-ra, _Bara,_   Ju-li-a, _Julia._

CONSEILS PÉDAGOGIQUES.

Lecture. — Écriture, Orthographe, Calcul et Dessin. — Mêmes observations. Explication de quelques mots.

Causeries. — Le _lait_ : couleur, usage, animaux qui le produisent. — Le _forgeron_ : ce qu'il fait, avec quoi ? — La _pompe_ : à quoi elle sert.

21, 22, 23, 24, 25, 26, 27, 28, 29, 30

13ème Leçon.

Faire un *l* accompagné
d'un jambage.

La **hache** du bucheron.

(Prononcer *che*).

La scie du charpentier
fait **ch**e... **ch**e...

ha, hi, he, ho, hu, hé, hè, hê

ha, hi, he, ho, hu, hé, hè, hê

cha, chi, che, cho, chu, ché, chè, chê

cha, chi, che, cho, chu, ché, chè, ché

dha, rhe, thé, rhu, tho, dhu

dha, dhé, rhe, thé, rhu

MOTS.

hâ-le, châ-le, cha-ri-té, rhu-me, thé-o-
do-re, va-che, dah-li-a, hô-te, ha-che,

Voir Conseils pédagogiques, p. 25.

hu-ma-ni-té, cha-ra-de, chi-mé-ri-que,
chê-ne, chu-te, cho-pi-ne, ma-chi-ne.

14ème Leçon.

RÉCAPITULATION. — PHRASES.

i, u, t, n, m, p, c, e, o, a, é, è, ê, d, q, qu,
r, x, v, s, l, b, j, h, ch

Ca-ro-li-ne a re-çu la mo-de. — Ma pe-ti-te ca-ma-ra-de A-dè-le a li-mé le tu-be. — La lu-ne se lè-ve dé-jà à la ri-ve. — Je me re-ti-re à la hâ-te de la ca-ve. — La tâ-che de Mi-che-li-ne a é-té du-re. — Thé-o-do-re a é-té ma-la-de cha-que sa-me-di. — L'é-lè-ve a ré-ci-té u-ne ma-xi-me mo-ra-le à l'é-co-le.

Le charivari a levé la biche qui se retire.

CONSEILS PÉDAGOGIQUES.

Lecture. — L'h seule devant une autre lettre ne se prononce pas. — Explication des mots *thé, châle, dahlia, hache, chêne, lune, école.* — Reconnaître les noms de personnes, d'animaux et de choses.

Écriture. — **Orthographe.** — **Calcul et Dessin.** — Mêmes exercices que précédemment. — Faire compter jusqu'à 30 (habituer à écrire les nombres).

Causeries. — La *hache* : en quoi elle est, à quoi elle sert. — Le *charpentier* : ce qu'il fait. — Le *chêne* : où il pousse, ce qu'on fait de son bois.

15ᵉᵐᵉ Leçon.

La poule fait : kᵉ... kᵉ...

(Prononcer *ke*).

k *k*

h dont le jambage
fait un crochet.

Le cheval en hennissant
fait : i... i...

(Prononcer *i*).

y *y*

Jambage joint à un *j*.

Le chat qui griffe
fait : fᶜ... fᵉ...

(Prononcer *fe*).

f *f*

Deux *l* mis
bout à bout.

ka, ko, ki, ku, ke, ky, ké

ka, ko, ki, ku, ke, ky, ké

fa, fi, fo, fu, fe, fé, fy

fa, fi, fo, fu, fe, fé, fy

ty, ny, my, ry, dy, py, ly, cy, quy, xy
vy, sy, by, chy, jy, ya, yo, yu, ye, yé, yè

☞ *Voir* Conseils pédagogiques, p. 27.

MOTS.

ly-re, ka-by-le, mo-ka, yé-do, thu-ry, ké-pi, ki-lo, ka-ra, ca-fé, fa-ri-ne, fê-te, ra-fa-le, fa-na-ti-que, fa-ta-li-té.

MAJUSCULES.

h *h*   k *k*   y *y*   f *f*

H *H*   K *K*   Y *Y*   F *F*

Ho-mè-re, Ka-che-mi-re, Yé-do, Fa-vo-ri-te.

Homère, Kachemire, Yédo, Favorite.

PHRASES.

Ho-no-ré a bu du ca-fé mo-ka, a fu-mé u-ne pi-pe.   *Ah! Tibère a bu du thé.*

Le na-vi-re a cha-vi-ré; le pi-lo-te a é-té pu-ni.

Sara a jeté le képi à la tête du Kabyle.

CONSEILS PÉDAGOGIQUES.

Lecture. — Le **k** se prononce comme le **c** devant a, o, u; l'**y** se prononce comme i au commencement des mots ou entre deux consonnes. — Explication des mots : *képi, kilo, café, farine, navire, pilote.*

Causeries. — Le *café* : où on le récolte, usage. — La *farine* avec quoi et où elle est faite, son usage. — Les *navires* : où on les voit, à quoi ils servent.

16ème Leçon.

Le bébé qui s'amuse dans son lit
fait : gu^e... gu^e...

Le musicien qui joue mal
fait sur son violon : gn^e... gn^e...

g *g* ou **gu** (Prononcer *gue* devant *a, o.*)   **gn** (Prononcer *gne*).

go, gu, ga, gua, guo, gui, gue, guy

go, gu, ga, gua, guo, gui, gue, guy

gno,   gnu,   gni,   gna,   gny

gno,   gnu,   gni,   gna,   gny

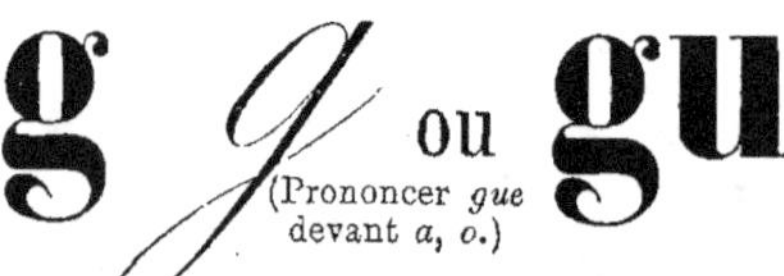

g = j devant e, i, y   ge = j devant a, o, u

ge,   gi,   gea,   geo,   geu

ge,   gi,   gea,   geo,   geu

☞ *Voir* Conseils pédagogiques, p. 29.

31, 32, 33, 34, 35, 36, 37, 38, 39, 40

MOTS.

A-ga-the, ma-la-ga, i-ma-ge, ga-lè-re, ga-mi-ne, ga-ge, ga-gné, ga-la, ga-le, ga-lo-pa-de, ga-ra-ge, gé-la-ti-ne, na-gea, ma-gna-ni-me, a-ga-cé, ma-gné-ti-que, geô-le, ga-geu-re.

PHRASES.

La cha-ri-té a ga-gné l'a-va-re. *La vigne.*

J'i-gno-re si É-mi-le a é-té a-ga-cé à la ga-re.

Ma-ri-a a re-çu l'é-lo-ge mé-ri-té à l'é-co-le.

gare à l'abîme qui te menace.

CONSEILS PÉDAGOGIQUES.

Lecture. — Faire épeler *gu*e-*a, gua; gn*e-*a, gna; ge-a, gea*, et non pas *g-u-a, gua; g-n-o, gno.*

Calcul. — Faire compter jusqu'à 40, toujours au moyen d'objets; faire écrire les nombres dictés.

Causeries. — Le *petit frère* : ce qu'on doit faire quand il dort, quand il pleure. — Le *musicien* : sur quel instrument il joue; citer d'autres instruments.

41, 42, 43, 44, 45, 46, 47, 48, 49, 50

17ème Leçon.

(Prononcer *ze*).

Z *Ƶ*

Faire un crochet continué par un délié
et terminé par une boucle.

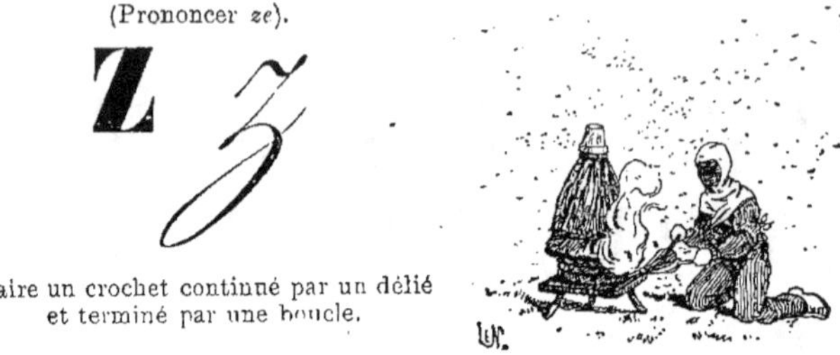

Les abeilles en bourdonnant font : zᵉ... zᵉ...

S = Z

(Entre 2 voyelles).

ze, za, zi, zo, zu, zy

ze, za, zi, zo, zu, zy

MOTS.

zo-ne, zè-le, zé-ro, ga-ze, zi-be-li-ne,
mé-lè-ze, to-pa-ze, ro-se, va-se, ca-se,
ra-se, re-mi-se, che-mi-se, me-su-re.

MAJUSCULES.

g *g* G *G*   z *z* Z *Ƶ*

Gui-se, *Guise,*   Za-ma, *Zama.*

RÉCAPITULATION.

Le zè-le d'A-ga-the a mé-ri-té l'é-lo-ge de sa mè-re. — Le va-se a é-té ju-gé i-nu-ti-le; re-ti-re - le, I-da. — Va-lé-ry a a-che-té la fa-ri-ne u-ti-le à la fê-te. — Je câ-li-ne Thé-o-do-re qui a é-té po-li; je l'a-do-re.

Papa a tiré à la carabine, ici à la cabane.

a b c d e f g h i j k l m n o p q r s t
u v x y z

a b c d e f g h i j k l m n o p q r s t
u v x y z

A B C D E F G H I J K L M N O P
Q R S T U V X Y Z

A B C D E F G H I J
K L M N O P Q R S
T U V X Y Z

EXERCICES DE CALCUL ET DE DESSIN.

COMBINAISONS SUR LES DIX PREMIERS NOMBRES.

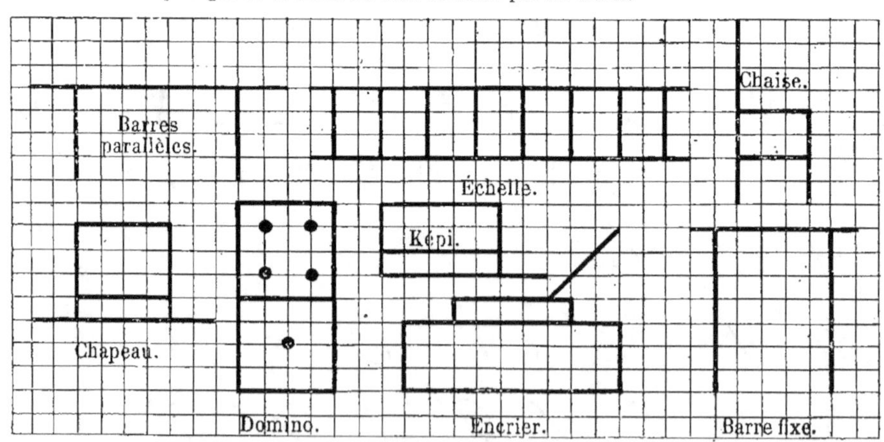

Remarque. — Au moyen de ces combinaisons, les élèves pourront être amenés à comprendre et à exécuter les quatre opérations sur les dix premiers nombres. Ainsi, par exemple, pour le nombre 8, on pose aux élèves qui consultent le tableau ci-dessus, les questions suivantes : 1º Combien font 1 et 7, 2 et 6? etc.; — 2º Si on ôte 1 de 8, combien reste-t-il? 2 de 8; 3 de 8? etc.; — 3º Combien font 4 fois 2? 2 fois 4? — 4º Dans 8, combien y a-t-il de fois 2? de fois 4? de fois 3?

On fera remplacer les traits par des chiffres sur les ardoises. — On pourra continuer de semblables combinaisons sur les nombres plus grands et même les faire exécuter par les élèves.

FIN DE LA PREMIÈRE PARTIE.

LE LIVRE DU PREMIER AGE

DEUXIÈME PARTIE

G. BOISSEAU.

PLUSIEURS CONSONNES SUIVIES D'UNE VOYELLE.

18ème Leçon.

blé.

le	li	lu	lo	la	ly	lé
ble,	bli,	blu,	blo,	bla,	bly,	blé
ple,	pli,	plu,	plo,	pla,	ply,	plé

plu-me.

MOTS.

bla-gue.

blâ-me, ta-ble, câ-ble, sa-ble, blé, blâ-ma-ble, bla-gue, blê-me, blu-ta-ge, Bli-da, ma-ni-a-ble, re-je-ta-ble, plu-me, pla-ce, ré-pli-que, pla-nè-te, dé-plo-ra-ble, pla-ca-ge, pla-ge, pla-ne, plé-ni-tu-de, pli-a-ble, plu-che, blo-ca-ge.

PHRASES.

Je blâ-me l'é-lè-ve qui se mu-ti-ne, qui ré-pli-que. — La ta-ble a é-té mi-se, je me pla-ce à cô-té de Re-my. — La bla-gue de pa-pa se-ra mi-se à la pla-ce de sa pi-pe. — Ma mè-re a re-pla-cé la plu-me de sa pe-ti-te é-lè-ve.

CONSEILS PÉDAGOGIQUES.

Lecture. — Faire lire sans épeler *le, la,* etc.; ensuite faire épeler b-*le, ble,* et non pas *b-l-e, ble.* — Habituer les élèves à écrire, en les leur dictant, les syllabes de 3 lettres. — Ne passer aux mots que lorsque ces premiers éléments seront lus sans hésitation; de même pour les phrases. — Faire lire les mots et les phrases sans épeler. — Expliquer les mots : *blâme, table, sable,* etc.

Causeries. — Le *sable* : où on le trouve, ses usages. — Le *blé* : ce qu'on en fait, à quelle époque on le récolte.

51, 52, 53, 54, 55, 56, 57, 58, 59, 60

19ᵐᵉ Leçon.

le   li   lo   lu   la   ly   lé

fle,   fli,   flo,   flu,   fla,   fly,   flé

fle,   fli,   flo,   flu,   fla,   fly,   flé

gle,   gli,   glo,   glu,   gla,   gly,   glé

gle,   gli,   glo,   glu,   gla,   gly,   glé

cle,   cli,   clo,   clu,   cla,   cly,   clé

cle,   cli,   clo,   clu,   cla,   cly,   clé

MOTS.

flû-te, ra-fle, flè-che, fle-xi-ble, flo-re, nè-fle, fla-mi-ne, fla-que, flo-che, flu-i-de, mu-fle, flâ-ne, A-gla-é, gla-ce, glo-be, glo-bu-le, glu-me, É-gli-se, gla-na-ge, glè-be, gly-cé-ri-ne, glu-co-se, gly-ci-ne, Cla-me-cy, cli-ni-que, clo-che, é-clu-se, clo-re, clô-tu-re, cla-que, cla-vi-cu-le, clé-ri-ca-tu-re, cli-ché, Clu-ny.

flû-te.

clé.

flè-che.

nè-fle.

CONSEILS PÉDAGOGIQUES.

Lecture. — Même système d'épellation et d'orthographe. — Ne passer aux phrases que lorsque les élèves seront rompus aux exercices précédents. — Explication des mots : *flûte, flèche, flexible, glace, globe, cloche, écluse.*

Calcul. — Dessin. — Mêmes exercices que précédemment. — Simples exercices de calcul mental comme application des exercices précédents.

Causeries. — La *glace :* glissades, danger à éviter. — Le *globe terrestre.* — Le *glanage.*

PHRASES.

Je gla-ne le blé. — A-gla-é, la fi-gu-re blê-me,
va à l'é-gli-se. — É-mi-le a ti-ré la clo-che de l'é-
co-le. — Le ma-la-de a é-té gué-ri à la cli-ni-que.
— Pla-ce la ta-ble, pa-pa dî-ne-ra à mi-di. —
Le cla-po-ta-ge de la va-gue a ga-gné la pla-ge.

le gla-na-ge.

L'élève qui flâne sera puni à l'école.

61, 62, 63, 64, 65, 66, 67, 68, 69, 70

20ᵉᵐᵉ Leçon.

re   ra   ro   ru   ri   ré   ry

bre, bra, bro, bru, bri, bré, bry

bre, bra, bro, bru, bri, bré, bry

pru-ne.

pre, pra, pro, pru, pri, pré, pry

pre, pra, pro, pru, pri, pré, pry

bro-che.

bro-che.

MOTS.

la bro-che, la bre-lo-que, le zè-bre, la bri-de, la bra-
va-de, la Bre-ta-gne, Brah-ma, bra-ve, bro-dé, la
bru-me, bri-co-le, le co-li-bri, la pro-me-na-de, la
pra-ti-que, le pri-vi-lè-ge, le pré-ju-di-ce, la pra-
li-ne, la pri-me, la pru-ne, la pro-bi-té, le pro-cé-dé.

pra-li-ne.

Voir Conseils pédagogiques, p. 36.

tre, tra, tro, tru, tri, trè, try

tre, tra, tro, tru, tri, trè, try

dre, dra, dro, dru, dri, dré, dry

dre, dra, dro, dru, dri, dré, dry

trè-fle.

dra-gée.

mè-tre.

MOTS.

je tra-ce, le trô-ne, la tri-bu, je tra-que, le tra-pè-ze, je tré-bu-che, le trè-fle, le tré-ma, la trè-ve, la tri-chi-ne, la tru-i-te, le prê-tre, la dra-gue, le dra-me, le ci-dre, u-ne dro-gue, la Drô-me, drè-che, le dru-i-de.

PHRASES.

Je me-su-re le tra-pè-ze que je tra-ce. — I-da a te-nu le mè-tre. — Ré-my me pro-po-se u-ne pro-me-na-de à Vi-try. — Je tra-ce u-ne li-gne à la rè-gle. — Thé-o-do-re a vi-si-té la Bre-ta-gne. — Le pri-vi-lè-ge du no-ble a é-té bri-sé. — É-mi-le a bri-sé la gla-ce de la ma-re. — Do-mi-ni-que é-vi-te de mé-di-re.

71, 72, 73, 74, 75, 76, 77, 78, 79, 80

CONSEILS PÉDAGOGIQUES.

Lecture. — Explication des mots *broche, zèbre, Bretagne, privilège, praline, prune, probité, trèfle*. — Faire distinguer le genre des mots.

Causeries. — La *probité* : en quoi elle consiste. — Le *trèfle* : où il pousse, son usage. — Le *mètre* : ses divisions, usage du mètre.

81, 82, 83, 84, 85, 86, 87, 88, 89, 90

EXERCICES DE CALCUL ET DE DESSIN.

Simples additions à effectuer en se servant de bûchettes ou autres objets.

○ 1^b ○○ 2^b ○○○ 3^b ○○○○ 4^b ○○○○○ 5^b ○○○○○○ 6^b
○○ 2^b ○○ 2^b ○○ 2^b ○○ 2^b ○○ 2^b ○○ 2^b

○○ 2^b ○○○ 3^b ○○○○ 4^b ○○○○○ 5^b ○○○○○○ 6^b
○○○ 3^b ○○○ 3^b ○○○ 3^b ○○○ 3^b ○○○ 3^b

Continuer ce genre d'additions en changeant les nombres.

Habituer les élèves à compter par 2, par 3, etc., en se servant d'objets usuels. — Dans les leçons suivantes ils copieront les nombres par 2.

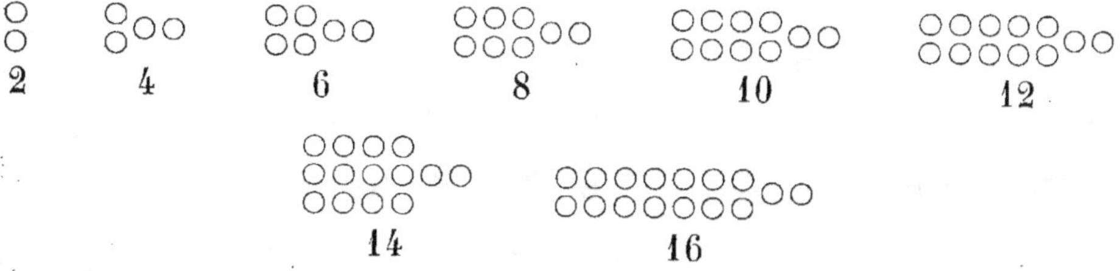

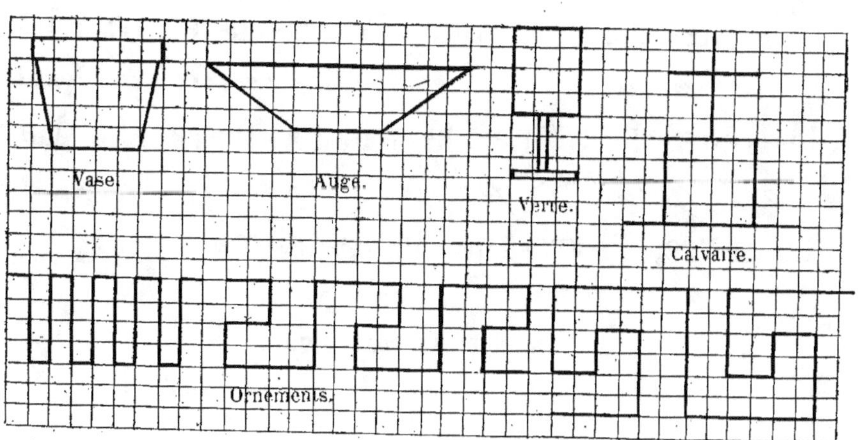

Dans ces 3 derniers exercices de dessin, habituer les élèves à se servir des carrés.

91, 92, 93, 94, 95, 96, 97, 98, 99, 100

21ème Leçon.

gre-na-de.

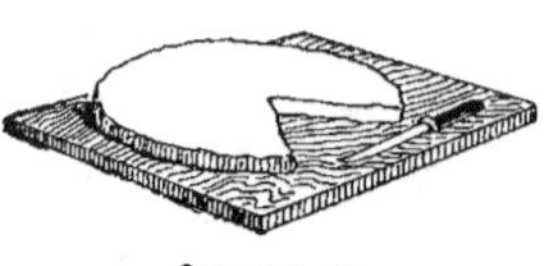

fro-ma-ge.

li-**v**re.

re   ro   ra   ri   ru   ry   ré
cre, cro, cra, cri, cru, cry, cré
gre, gro, gra, gri, gru, gry, grè
vre, vro, vra, vri, vru, vry, vré
fre, fro, fra, fri, fru, fry, frê

MOTS.

cra-va-te.

La cra-va-te, la crè-me, la cra-va-che, *Le crabe, le crâne, la crinoline,* le cri-me, le cri-ble. La gri-ve, le ti-gre, *la cruche. La Grèce, la grenade,* le nè-gre, le gra-de, la gra-vu-re. La fri-tu-re, *la grève, la grimace. La frivolité, le fromage,* le frè-re, le frê-ne, la fri-che, fri-re. Le Ha-vre, *la frugalité, la frégate, la fragilité.* Le li-vre, l'i-vro-gne, le ca-da-vre.

cru-che.

crâ-ne.

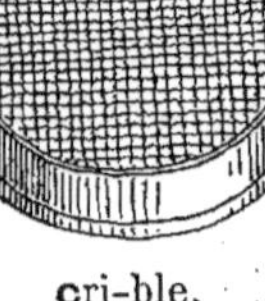

cri-ble.

ti-gre.

cra-va-che.

CONSEILS PÉDAGOGIQUES.

Lecture. — Explication des mots : *cravate, crème, crible, crâne, tigre, nègre, friche.*

Causeries. — Les *ivrognes* : ce qu'ils font, leur maintien, leur famille malheureuse, leur santé. — Les *livres* : où on les fait, ce qu'ils nous enseignent, soins à leur apporter.

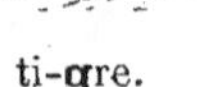

PHRASES. — RÉCAPITULATION.

Pa-pa a li-vré u-ne va-che à Vi-try. — Re-né a é-té pu-ni de sa gri-ma-ce. — La-za-re a sa-li la ta-ble. — Le bra-ve Ni-co-le a tu-é le ti-gre. — Le ca-ma-ra-de a bu du thé. — A-dè-le fe-ra fri-re la so-le. — Le frè-re de Re-my a é-té brû-lé à la fi-gu-re.

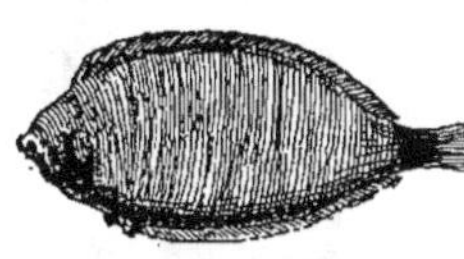
So-le.

2, 4, 6, 8, 10, 12, 14, 16, 18, 20

22ème Leçon.

ill
(Prononcer *ille*).

Dans le ruisseau l'eau fait : ill°... ille...

ph = f
(Prononcer *fé*).

Le chat qui griffe fait : f°... f°...

illa, illo, illi, illu, illé, illy

phe, phi, pha, pho, phé, phu

MOTS.

mé-da-ille.

La pa-ille, la fa-mi-lle, la mi-tra-ille, la mé-da-ille. — Le gri-lla-ge, la che-ni-lle, la fi-lle, l'ha-bi-lla-ge. — Le pho-to-gra-phe, Thé-o-phi-le, le té-lé-gra-phe, le pha-re.

pho-to-gra-phe.

☞ *Voir* Conseils pédagogiques, p. 40.

PHRASES.

Thé-o-phi-le a a-che-té la pa-ille de blé de Phi-li-ppe. — É-mi-le ta-ille la vi-gne de sa fa-mi-lle. — Le pha-re de la cô-te a bra-vé la mi-tra-ille. — Le cé-lè-bre pho-to-gra-phe a é-té mé-da-illé. — La-za-re a re-çu u-ne dé-pê-che té-lé-gra-phi-que. — Le gri-lla-ge de la fe-nê-tre a é-té bri-sé.

CONSEILS PÉDAGOGIQUES.

Lecture. — Faire épeler *ille-a*, *illa*, ou *ph^e-a*, *pha*, et non pas *i-l-l-a*, ou *p-h-a*. — Lire les mots et les phrases sans épeler. — Explication des mots : *paille, famille, chenille, photographe, télégraphe, phare.*

Calcul et Dessin. — Écriture des nombres par 2 jusqu'à 20 ; habituer les élèves à dire 2 et 2, 4, et 2, 6, et 2, 8, etc. ; ou, en descendant, 20 moins 2 font 18, moins 2 font 16, etc.

Causeries. — *L'eau :* où on la trouve, à quoi elle sert. — Le *chat* et le *chien :* les services qu'ils nous rendent, leur caractère.

20, 22, 24, 26, 28, 30, 32, 34, 36, 38, 40

VOYELLE SUIVIE D'UNE CONSONNE.

23ème Leçon.

ab eb ib ob ub — ad ed id od ud

cab, geb, rib, job, gub — rad, led, sid, dod, sud

ac ec ic oc uc — af ef if of uf

bac, nec, sic, roc, nuc — gaf, nef, dif, sof, ruf

ab-bé.

$\dfrac{2}{3}$

5

ad-di-tion.

MOTS.

ob-te-nu, ab-so-lu, oc-cu-pé, ac-co-la-de, ac-cu-sa-ble, ac-ti-vi-té, ec-zé-ma, vic-ti-me, bec, lac, suc, soc, sac, ad-jec-tif, ad-mi-ra-ble, af-fli-gé, af-fi-che, af-fû-ta-ge, grif-fe, of-fi-ce, af-fa-ble, ef-fa-ça-ble.

grif-fes.

sac. ☞ *Voir* Conseils pédagogiques, p. 41.

AVIS

af-fi-che.

PHRASES.

La vic-ti-me a é-té ac-cu-sa-ble. — L'o-ra-ge
a dé-ga-gé de l'é-lec-tri-ci-té. — Le roc a é-té
dé-sa-gré-gé; le lac y a pra-ti-qué u-ne brè-
che. — Le bec de la ca-ille. — A-dè-le a lu
l'é-cri-tu-re de l'af-fi-che a-vec ac-ti-vi-té. —
La fê-te a é-té ad-mi-ra-ble, le pu-blic a af-
flu-é. — La mé-na-gè-re ac-ti-ve sa be-so-gne.

L'orage.

CONSEILS PÉDAGOGIQUES.

Lecture. — Faire épeler *a-b*, *ab*, et ensuite *ca-b*, *cab*. — Explication des mots : *bec, lac, soc, sac, adjectif, affiche, griffe.*
Causeries. — L'*orage* : précautions à prendre. — La *ménagère* · ce qu'elle fait. — La *fête* : ce qu'on y voit.

24ème Leçon.

al   el   il   ol   ul
mal, bel, nil, sol, nul

ag   eg   ig   og   ug
rag, leg, dig, rog, sug

ar er ir or ur — ap ep ip op up
bar, mer, nir, bor, mur — nap, cep, nip, top, jup

MOTS.

Al-bi, al-cô-ve, al-fa, al-gue, che-nil, bel-le, il-lé-
gal, tul-le, bul-le, bol, nap-pe, A-lep, op-ti-que, la

hup-pe, fi-nir, car, la bar-re, bé-nir, la ser-re, le char, la car-pe, la ter-re, l'ur-ne, le mur-mu-re, la mer, bor-gne, le bi-val-ve.

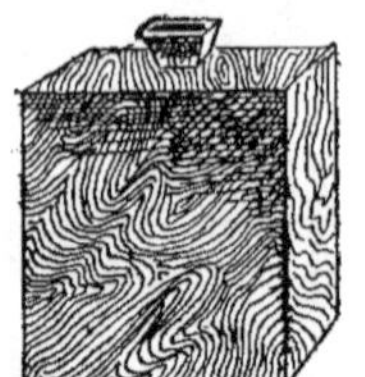

ur-ne.

PHRASES.

La va-gue de la mer a re-je-té le bi-val-ve sur la pla-ge. — *La carpe a été prise avec une ligne.*
Vic-tor a fi-ni la ré-col-te de sa lu-zer-ne. — La bar-re de fer ri-gi-de a re-te-nu le mur de l'é-ta-ble.
La nappe a été mise sur la table à midi.
Ar-thur a bor-né la vi-gne de Fré-dé-ric a-vec u-ne pi-er-re.

li-gne.

CONSEILS PÉDAGOGIQUES.

Lecture. — Explication des mots : *alcôve, alfa, algue, chenil, bol, nappe, serre, carpe, urne, plage, luzerne, fer, étable.*

Causeries. — Le *vote* : son but, comment on procède. — La *pêche* : les divers engins du pêcheur. — Le *bornage* : en quoi il consiste, bonne coutume.

40, 42, 44, 46, 48, 50, 52, 54, 56, 58, 60

25ème Leçon.

mas-se.

as es is os us — at et it ot ut
nas, res, lis, vos, gus — bat, ret, dit, bot, put
av ev iv ov uv — ax ex ix ox ux
rav, lev, miv, rov, juv — max, dex, rix, jox, vux

pat-te.

MOTS.

Lis-se, Ris-que, Bos-se, Cos-se, Ros-se, Cus-cu-te,
Dis-que, Pat-te, Hot-te, But-te, Mat-te, Nat-te, Hut-te.
Bot-te, Mix-tu-re, Dex-té-ri-té, O-po-po-nax, Max.

hot-te,

PHRASES.

Max a ré-col-té le blé de la fer-me du vil-la-ge.

Le petit pâtre a cassé la patte de Fox.

La pe-ti-te Y-von-ne a tres-sé u-ne nat-te. — Al-fred
a char-gé la hot-te de Fé-lix a-vec a-dres-se.

L'arbre a une écorce lisse.

Da-vid a le-vé cet-te mas-se a-vec dex-té-ri-té.

La lumière du soleil a pénétré.

nat-te.

CONSEILS PÉDAGOGIQUES.

Lecture. — Explication des mots : *cosse, cuscute, disque, hotte, hutte, botte, village, ferme, pâtre, écorce.*

Causeries. — Le *vannier :* ce qu'il fabrique, avec quoi, usage de ces objets. — Le *cordonnier :* ce qu'il fait, avec quoi.

60, 62, 64, 66, 68, 70, 72, 74, 76, 78, 80

26ème Leçon.

LETTRES NULLES A LA FIN DES MOTS.

e, d, s, t, p

Remarque. — Faire remarquer aux élèves que les lettres e, d, s, t, p, à la fin des mots suivants, ne se prononcent pas. Lire ces mots comme si la lettre rouge n'existait pas.

La fée, la vie, la mie, la fi-lle po-lie, Ma-rie, la rue,
la vue, la pho-to-gra-phie, l'ar-mée, la lo-te-rie, le nid,

le lit, le chat, le ma-te-las, le drap, le ta-pis,
le ca-de-nas, le rat, le chas-se-las,
le bas, il fi-nit, il re-mit, tu ché-ris,
tu bé-nis, tu chas-ses, tu é-tu-dies,
je re-mue.

Je ché-ris Lé-o-nie qui o-bé-it.

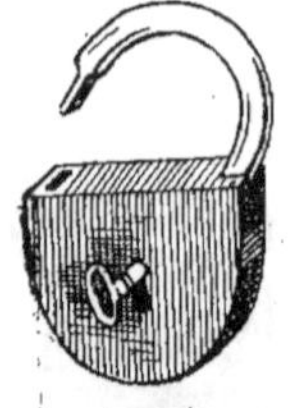
ca-de-nas.

chas-se-las.

rat.

La petite fille polie a salué la dame.

Le petit merle a regagné le nid.

80, 82, 84, 86, 88, 90, 92, 94, 96, 98, 100

27ᵉᵐᵉ Leçon.

RÉCAPITULATION. — LECTURE COURANTE.

Le che-val de Ma-ri-et-te.

Ma-ri-et-te a char-gé sa char-ret-te de pa-ille de blé. El-le a ac-ti-vé le che-val de sa ba-guet-te fle-xi-ble. Il a re-cu-lé, a fa-illi a-bat-tre le mur de sa char-ge. Vi-te pa-pa a cor-ri-gé Ra-mo-na, lui a cri-é : hop ! hop ! Le che-val ré-tif a ti-ré a-vec do-ci-li-té, a ra-me-né le char à la por-te de l'é-cu-rie.

CONSEILS PÉDAGOGIQUES.

Lecture. — Lire sans épeler, expliquer et faire copier les mots suivants : *charrette, baguette, rétif, écurie*. — Faire raconter la lecture de vive voix.

Causeries. — Le *charretier* : comment il doit conduire ses chevaux. — *L'armée* : à quoi elle sert, par qui elle est entretenue.

3, 6, 9, 12, 15, 18, 21, 24, 27, 30, 33, 36, 39

EXERCICES DE CALCUL ET DE DESSIN.

Additions écrites au tableau à effectuer oralement et ensuite sur l'ardoise ou le cahier :

15	31	64	23	45	83	28	70	27
24	26	45	16	13	65	31	46	31

Continuer ces exercices avec changement de nombres.

Simples soustractions à effectuer en se servant d'objets :

$$8^b - 2^b \qquad 6^b - 2^b \qquad 7^b - 3^b \qquad 4^b - 3^b$$

$$9^b - 5^b \qquad 5^b - 2^b \qquad 10^b - 3^b$$

Continuer ces exercices comme précédemment. — Exercer les élèves à compter par 3, comme on l'a fait par 2.

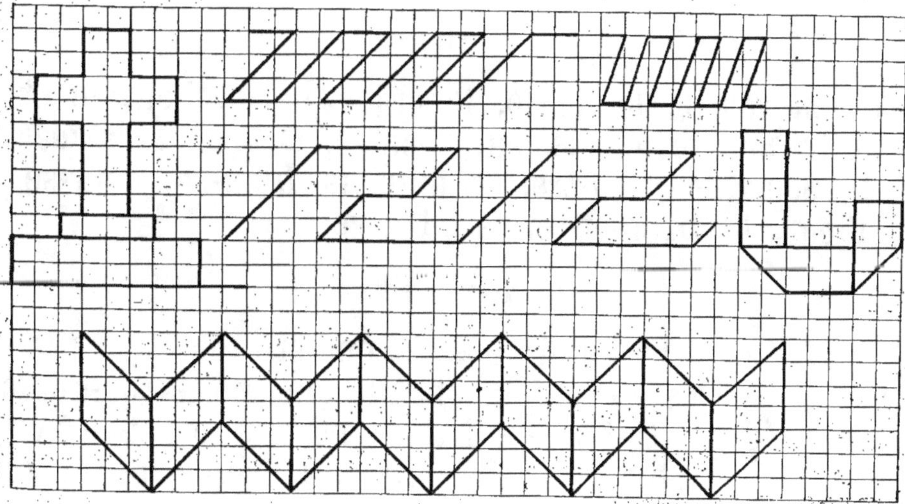

42, 45, 48, 51, 54, 57, 60, 63, 66, 69, 72, 75

28ème Leçon.

La locomotive fait : **ou… ou…**

ou, *ou*

rou,	cou,	fou,	dou
our,	ouc,	ouf,	oud
brou,	clou,	frou,	blou

eu, *eu*

peu,	beu,	deu,	reu
eup,	eub,	eud,	eur
pleu,	breu,	dreu,	fleu

Des œufs.

Le feu.

MOTS.

La rou-te, la fou-le, le bi-jou, le ca-illou, le chou, le hi-bou, le feu, le jeu, l'heu-re, la veu-ve, la meu-le, la peur, le pleu-tre, le four, la blou-se, l'our-se, la fleur, la brou-et-te, le fleu-ve.

bi-jou.

PHRASES.

La rou-te a é-té cou-ver-te de pi-er-res du-res. — Le feu a brû-lé ma bou-le rou-ge sous la ta-ble. — La sou-pe a é-té mi-se sur la ta-ble neu-ve. — Hi-er, Mar-gue-ri-te a vu le

ours.

☞ *Voir* Conseils pédagogiques, p. 47.

cou-cou d'Eu-gé-nie. — Le jeu nou**s**
a-mu-se-ra tou**t** à l'heu-re a-vec vou**s**.

La poupée de Marie a été brisée.

Le bijou de la veuve a été retrouvé.

Les jouets.

CONSEILS PÉDAGOGIQUES.

Lecture. — Faire lire **ou**, **eu**, sans épeler; ensuite épeler *r-ou, rou; ou-r, our; b-rou, brou*. Ne passer aux mots et aux phrases que lorsque les éléments seront lus sans hésitation. — Avant de passer à la leçon suivante, on pourra faire lire : *La poule* (30ᵉ Leçon, p. 48).

Orthographe. — Dicter les diphtongues *ou, eu*, les éléments *rou, our, brou*, etc., et enfin les mots où ils entrent, ainsi que quelques phrases.

Causeries. — La *locomotive* : ce qui la fait marcher, ce qu'elle traîne. — Les *bijoux*. — Les *jeux*.

78, 81, 84, 87, 90, 93, 96, 99, 102, 105, 108

29ᵉᵐᵉ Leçon.

in, *in* (Se prononce la bouche ouverte).

La pendule en sonnant fait : d-in... d-in...

Le sin-ge.

cin,   din,   fin,   sin
inc,   ind,   inf,   ins
crin,   drin,   flin,   stin

an, *an* (Se prononce la bouche ouverte).

ran,   gan,   can,   dan
anr,   ang,   anc,   and
bran,   gran,   clan,   dran

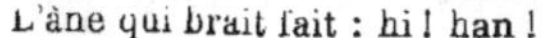
L'âne qui brait fait : hi ! han !

Le ru-ban.

☞ *Voir* Conseils pédagogiques, p. 48.

MOTS.

Le mou-lin, le ma-tin, le ma-rin, le che-min, la din-de, la dan-se, l'an-se, la gan-se, la ro-man-ce, le ru-ban, le cran, le crin, la bran-che, le zinc, l'ins-tant, al-pin.

PHRASES.

Le crin de l'ar-chet.

la-pin.

Ma-man a trou-vé ce la-pin blanc sur le che-min. — Di-man-che, ma-man a a-che-té du ru-ban de sa-tin. — Jus-tin a chan-té u-ne ro-man-ce ce ma-tin. — Le mou-lin a mou-lu le blé de grand-pa-pa Mo-rin.

Le soleil a lui ce matin. — La guérite sera couverte de zinc par le couvreur Mathurin.

CONSEILS PÉDAGOGIQUES.

Lecture et Orthographe. — Continuer les exercices comme précédemment. — Explication des mots : *moulin, marin, dinde, ganse, ruban, crin.*

Causeries. — *L'horloge :* qui l'a faite, l'a vendue? à quoi elle sert? — *L'âne :* ses qualités, ses défauts; services qu'il rend. — Le *lapin :* lapin domestique, lapin de garenne.

4, 8, 12, 16, 20, 24, 28, 32, 36, 40

RÉCAPITULATION. — LECTURE COURANTE.

30ème Leçon.

LA POULE.

Cot! Cot! É-cou-te ma pe-ti-te pou-le sous la voû-te du por-che; el-le re-tour-ne à sa de-meu-re qui se trou-ve sur le

ord de la rou-te. Ra-mas-se ce
blé, ma dou-ce co-co-te, pour te
nour-rir. — Ma pou-le cou-ve où
el-le cou-che.

40, 44, 48, 52, 56, 60, 64, 68, 72, 76, 80

31ᵉᵐᵉ Leçon.

L'ANE.

Hi! han! hi! han! l'â-ne a-van-ce
sur le che-min. Il por-te sur le mar-
ché le beur-re que
ma-man a bat-tu ce ma-tin. El-le le cin-
gle de sa ver-ge pli-an-te, lui cri-ant :
hue! hue! Mar-tin!

80, 84, 88, 92, 96, 100, 104, 108, 112, 116, 120

32ᵉᵐᵉ Leçon.

Oï, oï

ar-moi-re.

coi, foi, roi, loi, doi
oic, oif, oir, oil, oid
croi, froi, broi, bloi, droi

Une oie.

ai, *ai*

è

dai, cai, rai, fai, gai
aid aic, air, aif, aig
*d*rai, *c*lai, *b*rai, *f*lai, gla

Le mouton en bêlant
fait : **mê... mê...**

Le ba-lai.

L'ai-gle

La croix.

MOTS.

La foi-re, le roi, la do-loi-re, la soif, le de
voir, le poil, la se-mai-ne, l'air, la cais-se
le mai-re, l'af-fai-re, la *b*rai-se, le *c*loî-tre
le *d*roit, le *d*rai-na-ge, la *g*lai-se, le *f*lair
le *f*roid, la *c*laie, l'ef-*f*roi, le *c*roi-seur, l
*c*raie.

PHRASES.

L'ai-gle a sai-si sa proi*e* vi-van-te. — La mé
moi-re d'An-toi-ne se-ra tou-jour*s* fai-ble. — L
pa-lai*s* du roi se-ra a-che-vé la se-mai-ne pro
chai-ne. — Ma toi-le se-ra fai-te jeu-di ma-tin ou
di-man-che soir. — Eu-gè-ne a ob-te-nu la croi*x*
pour a-voir sa-tis-fai*t* le maî-tre.

CONSEILS PÉDAGOGIQUES.

Lecture. — Explication des mots : *foire, semaine, maire, craie, aigle, palais, toile* (voir la lecture courant
Le jour, 34ᵉ Leçon, p. 52).

Calcul. — Nombres par 4, comme on l'a fait par 2 et par 3. — Écriture des nombres ci-dessus.

Causeries. — *L'oie* et le *canard :* leur chair, leurs œufs, leurs plumes. — Le *mouton :* sa chair, sa peau, sa lain
son suif. — *L'aigle :* son nid, ses serres, son bec, genre de nourriture.

1, 3, 5, 7, 9, 11, 13, 15, 17, 19, 21, 23, 25

33ème Leçon.

au, eau (Se prononce comme ô).

ô

eau, seau, bau, beau, rau, reau
aus, aub, aur
srau, breau, blau, cleau, drau, creau

De l'eau.   Le seau.

on (Se prononce la bouche presque fermée).

bon, ron, son, don, gon
onb, onr, ons, ond, ong
bron, dron, ston, dlon, gron

Le bâ-ton.

Le porc en grognant fait : on... on...

MOTS.

Le veau, le râ-teau, le bu-reau, le marteau, le seau, le sau-le, le mou-ton, le bou-
ton, le bon-don, la ron-de, le tau-
reau, la son-de, le sa-blon, le levraut, le bron-ze, la mon-ta-gne.

veau.

La ron-de.

PHRASES

La va-che blon-de a al-lai-té son veau dans
la prai-rie. — Le sau-le pous-se le long du ruis-seau,

☞ *Voir* Conseils pédagogiques, p. 52.

Le tau-reau.

dans le ma-rais. — Le tau-reau va boi-re à la fon-tai-ne. — Le pâ-tre gar-de son beau trou-peau de mou-tons, cha-que sai-son, sur le flanc de la hau-te mon-ta-gne.

J'ai joué au ballon avec mon ami Fernand.

Je me baigne sans peur dans l'eau profonde du lac.

Le coton a servi à faire mon beau pantalon.

CONSEILS PÉDAGOGIQUES.

Lecture. — Faire distinguer la prononciation **on** de an. — Explication des mots : *veau, râteau, marteau, sau*, *mouton, taureau, levraut, montagne, prairie, ruisseau, marais, lac, pâtre, coton, pantalon.*

Orthographe. — Dicter des mots renfermant *an* et d'autres renfermant *on*.

Calcul. — Faire compter par 2, en commençant par l'unité.

Causeries. — L'*eau :* où on la trouve, ses usages, son utilité. — Le *porc :* son élevage, sa chair.

25, 27, 29, 31, 33, 35, 37, 39, 41, 43, 45, 47, 49

RÉCAPITULATION. — LECTURE COURANTE.

34ᵉᵐᵉ Leçon.

LE JOUR.

Le village.

L'hor-lo-ge du vil-la-ge a mar-qué qua-tre heu-res du ma-tin; le coq a ré-pé-té de sa voix clai-re co-co-ri-co! co-co-ri-co! Le ros-si-gno

Le travail

Le laboureur.

chan-te tou-jours dans le bois; mais dé-jà la lu-ne a dis-pa-ru; la pre-miè-re clar-té du jour va pa-raî-tre. Tra-va-illeur, de-bout! le de-voir t'ap-pel-le, vi-te à l'ou-vra-ge!

La forêt.

35ème Leçon.

L'EAU.

La pe-ti-te sour-ce sort de la mon-ta-gne, près du beau sa-pin, elle cou-le dans la plai-ne, for-mant le pai-si-ble ruis-seau qui gros-si-ra la ri-viè-re ou le fleu-ve.

La fon-tai-ne nous four-nit de l'eau clai-re, no-tre prin-ci-pa-le bois-son. Le trou-peau va boi-re à la ma-re du ha-meau.

La fraî-cheur du lac fait re-ver-dir la prai-rie. La va-peur qui s'é-lè-ve dans l'air for-me le nu-a-ge noir qui se mon-tre à l'ho-ri-zon.

49, 51, 53, 55, 57, 59, 61, 63, 65, 67, 69

36ᵉᵐᵉ Leçon.

| un (Se prononce la bouche presque fermée). | | mun, | lun, | tun, | dun |
| 1 | | *f*lun, | *c*lun, | *b*run, | *d*ru |

| et (conjonction) Prononcer é | et, est Prononcer è | det, | c'est, | fet, | m'est, | cet |
| | | *f*let, | *f*ret, | *p*ret, | *p*let, | gre |

PHRASES.

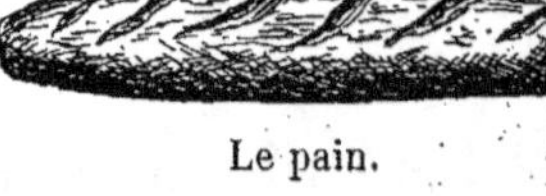

Lun-di j'ai vi-si-té Me-lun, c'est u-r
bel-le vil-le. — Cha-cun est ve-nu voir l'e
fet du jet d'eau. — Le jeu-ne frè-re de S
doi-ne est *b*run et *f*lu-et. — Le bou-quet (
mu-guet a é-té fait par ce gar-çon-net. — Ch
cun ai-me la gloi-re et la for-tu-ne.

Le bou-quet.

Le jet d'eau.

LECTURE COURANTE.

LE BLÉ.

Beau blé que la cha-leur de
l'é-té a fait mû-rir, le se-meur
t'a lan-cé à poi-gnées de-vant
la char-rue du la-bou-reur. Ca-ché sous
la ter-re, tu as ger-mé et gran-di. Cha-
cun va sai-sir sa faux et te cou-pe-ra
pour nour-rir sa fa-mi-lle. C'est aus-si a-vec

Une gerbe.

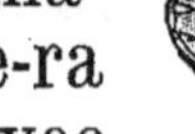

Le pain.

La galette.

☞ *Voir* Conseils pédagogiques, p. 55.

ta fa-ri-ne qu'on fe-ra la bon-ne ga-let-te que je man-ge cha-que di-man-che. A-vec ta pa-ille, Si-mon-net fe-ra la li-tiè-re de Bi-chet-te.

<hr>

CONSEILS PÉDAGOGIQUES.

Lecture. — Explication des mots : *jet d'eau, bouquet, muguet, garçonnet, été, semeur, charrue, laboureur, faux, famille, farine, galette, paille, litière.* — Parler des qualités et des défauts. — Les *adjectifs qualificatifs :* les faire chercher dans la lecture. — Petit devoir écrit au tableau noir.

Causeries. — Questions sur la lecture courante pour la faire répéter de vive voix.

69, 71, 73, 75, 77, 79, 81, 83, 85, 87, 89

37ème Leçon.

en		**ei**
Prononcer		Prononcer
an		**è**

len, cen, ren, ven ⎰ rei, cei, dei, lei
flen, clen, dren, vren ⎱ crei, clei, drei, blei

es **er, ez** ⎰ mes, des, cer, les, nez
Prononcer Prononcer ⎱ bler, dres, frez, vrez, flez
è   **é**

MOTS ET PHRASES.

La ven-te, le ser-pent, la ren-te, le con-ten-te-ment, la ba-lei-ne, Mi-rei-lle, la trei-lle, la rei-ne, la nei-ge, le meu-nier, le char-pen-tier, le me-nui-sier, le bou-lan-ger, les ta-bles, mes par-ter-res, tes ber-gers, ses

La ba-lei-ne.

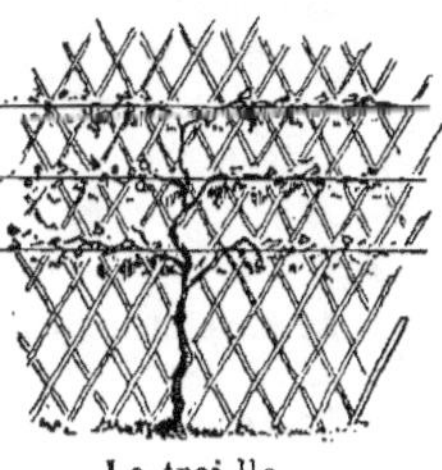

La trei-lle.

☞ *Voir* Conseils pédagogiques, p. 56.

La pomme.

jar-di-ni-ers. — Ve-nez-vous a-vec moi voir le
ven-dan-ges de Bour-go-gne? — Mon-tez har
di-ment sur l'é-chel-le et ne crai-gnez pas d
tom-ber. — Vou-lez-vous man-ger des pom-mes de rei
net-te? Al-lez en de-man-der au pè-re Di-dier.

L'échelle.

38ème Leçon.

œ, œu	im, ein, ain, aim, ym
Prononcer Prononcer	Prononcer Prononcer Prononcer
e eu	in in in

PHRASES.

Le bou-lan-ger fait le pain. — L
pro-blè-me est sim-ple. — Le per-cep
teur re-çoit les im-pôts. — La pou-l
a pon-du un œuf. — Le bœuf traî-n
la char-rue. — Ma sœur pé-trit le le
vain. — La faim chas-se le loup du
bois. — Le thym pous-se dans le jar
din. — Le bon cœur d'O-lym-pe m'a frap-pé. — Ma mai
est lé-gè-re.

Le loup.

CONSEILS PÉDAGOGIQUES.

Lecture et Orthographe. — Pluriel des *noms* : applications. — Les diphtongues ci-dessus sont les mêmes qu
précédemment, avec addition d'une lettre au commencement ou changement de lettre à la fin.

Causeries. — La *baleine* : où on la trouve, sa pêche, usages. — Les *impôts* : utilité, perception.

89, 91, 93, 95, 97, 99, 101, 103, 105

39ᵉᵐᵉ Leçon.

LECTURE COURANTE.

LE MOULIN.

Tic tac! tic tac! le mou-lin tour-ne vi-te et é-cra-se le blé pour fai-re la blan-che fa-ri-ne que ma-man pé-tri-ra et fe-ra cui-re au four. Le son se-ra pour la va-che et le che-val.

Beau mou-lin, tour-ne, tour-ne sans re-lâ-che; cha-cun se ré-joui-ra quand le sac ar-ri-ve-ra à la mai-son.

40ᵉᵐᵉ Leçon.

LECTURE COURANTE.

LE TRAVAIL.

Tout le mon-de tra-va-ille i-ci-bas; les uns des bras, les au-tres de l'es-prit. Le cul-ti-va-teur tra-ce les si-llons. Le bû-che-ron cou-pe les ar-bres de la fo-rêt. Le for-ge-ron fa-çon-ne le fer. Le char-pen-tier é-quar-rit les pou-tres. Le me-nui-sier ra-bo-te les plan-ches. Le ma-çon bâ-tit les mai-sons. L'ins-ti-tu-teur ins-truit les en-fants. L'é-lè-ve é-tu-die ses le-çons.

Ils travaillent des bras.

Il travaille de l'esprit.

Jeunes enfants, travaillez avec courage à l'école; étudiez vos leçons, appliquez-vous à vos devoirs, écoutez votre maître et efforcez-vous de retenir ce qu'il vous dit.

EXERCICES DE DESSIN ET DE CALCUL.

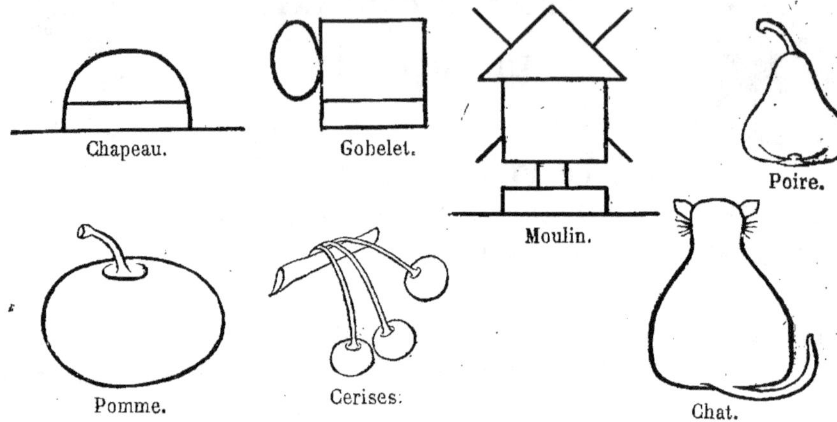

Soustractions à effectuer au tableau noir et ensuite sur le cahier.

48	27	64	28	86	64	93	29	74
14	14	32	15	35	24	61	16	23

Continuer ces exercices avec changement de nombres.

Simples **multiplications** montrant que cette opération est une addition abrégée. — Faire effectuer ensemble l'addition et la multiplication.

4	4	5	5	3	3	6	6	8	8	9	9
+ 4	× 2	+ 5	× 2	+ 3	× 2	+ 6	× 2	+ 8	× 2	+ 9	× 2

3	3	5	5	6	6	7	7	8	8
3	3	5	3	6	3	7	3	8	3
3	—	5	—	6	—	7	—	8	—

42	42	25	25	31	31	45	45
42	2	25	2	31	3	45	3
				31	—	45	—

1, 4, 7, 10, 13, 16, 19, 22, 25, 28, 31, 34

41ème Leçon.

am, ean   um, em, om

Prononcer **an**   Prononcer **un** Prononcer **en** Prononcer **on**

PHRASES.

Jean a re-çu un pan-ta-lon trop am-ple. — Le temps est me-na-çant, la tem-pê-te va nous sur-pren-dre. — Voi-ci le soir, al-lu-me la lam-pe dans la cham-bre. — Le par-fum de la ro-se em-bau-me la mai-son. — Le coq est l'em-blé-me de la vi-gi-lan-ce. — Cet-te hum-ble ca-ba-ne est cel-le du pê-cheur. — Je re-cher-che l'om-bre des ar-bres pen-dant l'é-té. — La trom-be a dé-ra-ci-né les chê-nes et fait d'in-nom-bra-bles vic-ti-mes. — La bom-be a as-su-ré le tri-om-phe de no-tre ar-mée.

La bombe.

37, 40, 43, 46, 49, 52, 55, 58, 61, 64, 67, 70

42ème Leçon.

(Pluriel des verbes.)

ent

Prononcer **e**

Les oi-seaux chan-tent. — Les che-vaux ga-lo-pent. — Les ruis-seaux cou-lent. — Les pou-lets pi-co-rent. — Les mou-ches vo-lent. — Les pi-geons vol-ti-gent. — Les hi-ron-del-les pla-nent.

☞ *Voir* Conseils pédagogiques, p. 60.

<table>
<tr><td>

(Œntre deux voyelles.)

y cray-on

égale   prononcer

ii craï-ion

</td><td>

Pa-pa a pay-é mon cray-on. — Le
ray-ons du so-leil. — Ma-man a es-suy-
la vais-sel-le. — Le roi pay-a u-ne
for-te ran-çon. — L'ar-bre a ploy-é sou
le far-deau. — L'en-fant s'est noy-é dans
le fleu-ve. — Fi-naud a a-boy-é sur la
rou-te.

</td></tr>
</table>

CONSEILS PÉDAGOGIQUES.

Lecture et Orthographe. — Explication des mots : *tempête, lampe, rose, cabane, trombe, bombe, vaisselle, rançon*.
Pluriel des *noms :* applications. — Les *verbes* et leurs *sujets :* applications. — Pluriel des *verbes*.

Causeries. — Les *ruisseaux :* nommer ceux du pays, d'où ils viennent, où ils vont. — Les *hirondelles :* ce qu'elles
mangent, leurs nids, leur départ et leur retour.

43ᵉᵐᵉ Leçon.

LECTURE COURANTE.

LE PRINTEMPS.

Les fleurs et la verdure.

La promenade.

La nei ge a dis pa ru de la
plai ne, et le so leil est de
ve nu plus chaud. La na tu re se ré vei lle en fin, et la ver-
du ré cou vre les champs et les ar bres. L'air est em bau mé
par le par fum des fleurs, et le ros si gnol chan te le re tour
du beau temps.

Par tout ce n'est que gaie té et bon heur, de puis l'hum ble
tra va illeur des champs jus qu'au ri che ha bi tant des vil les.
Cha cun se hâ te de quit ter la cham bre pour al ler res pi rer
le bon air de la cam pa gne.

C'est le printemps, c'est la plus douce saison.

44ᵉᵐᵉ Leçon.

LECTURE COURANTE.

LA RIVIÈRE.

Au mi lieu de la plai ne, dans les prés ver doy ants du pays, cou le la ri viè re aux va gues on doy an tes. Les sau les om bra gent ses ri ves; les oi seaux l'é gay ent sans ces se de leurs chants joy eux et vien nent s'y a breu ver en pour sui vant les mou che rons.

Quel plai sir je goû te moi-mê me à ve nir, pen dant l'é té, plon ger dans son eau lim- pi de, fuy ant ain si, com me dans un che min om breux, les chauds ray ons du so leil.

73, 76, 79, 82, 85, 88, 91, 94, 97, 100, 103

45ᵉᵐᵉ Leçon.

oin   uin   iou   iau   ieu

Le coin, le soin, le point, le poing, le Loing. Ju-lia a soin de son ca-hier, la bon-ne é-co-liè-re! Je vais re-join-dre mon a-mi Bour-goin au coin de la rue. — Mon chat miau-le à la por-te, près du foin du pè-re Ma-thieu.

Le chat.

Le poing.

Le poing sur la hanche, je regarde mon ami disparaître dans le lointain. Le mois de juin.

☞ *Voir* Conseils pédagogiques, p. 62.

46ᵉᵐᵉ Leçon.

ien
Prononcer
iin

Le chien me di ri ge bien. — Ju lien ser re le lien. — Le gar dien de Lu cien est de Gien. — Ne dis rien de ce mé ca ni cien. — Au ré lien s'a mu se de rien.

ti-on
Prononcer
si-on

La na ti on, la pu ni ti on, la cor rec ti on, l'ac ti on, l'at ten ti on, la dis trac ti on, la cal vi ti e, la pro non cia ti on, la por ti on, la ré cré a ti on.

Les élèves sortent en récréation ; ils vont mettre de l'action dans leurs jeux et bien se reposer de leur attention à l'école. Par votre travail vous avez bien mérité cette distraction.

CONSEILS PÉDAGOGIQUES.

Lecture et Orthographe. — Explication des mots : *poing, Loing, cahier, chat, foin, gardien, mécanicien, calvitie*
Causeries. — La *récréation* : comment on doit s'y amuser. — La *punition* : faut-il murmurer ? pourquoi ?

47ᵉᵐᵉ Leçon.

LECTURE COURANTE.

LE BON ÉCOLIER.

Justin se lave.

Justin se peigne.

Justin prépare
son sac.

Justin, le vé de bon ma tin, se la ve le vi sa ge et les mains, se pei gne, bros se ses vê te ments, ran ge ses li vres dans son sac et part gaie ment à l'é co le.

Justin
va en classe.

Il n'arrive jamais en retard; en classe, il écoute le maître avec attention, ne bavarde pas avec ses camarades et s'applique de son mieux à ses devoirs. Il sait parfaitement ses leçons et reçoit tous les jours des bons points.

Justin s'applique.

Le soir, de retour à la maison paternelle, il aide sa mère, étudie ses leçons du lendemain, et va ensuite rejoindre les autres enfants du village.

Justin
est poli.

Justin fait les commissions
de sa maman.

Le jeudi et le dimanche, il ne pense pas à s'amuser avant d'avoir préparé sa besogne de l'école.

Justin contente ses parents et son maître. Il est poli avec tout le monde.

Le bon écolier devient plus tard un ouvrier économe, laborieux et instruit.

Imitez l'écolier sage, obéissant et studieux.

48ᵉᵐᵉ Leçon.

JOURS DE LA SEMAINE.

Les 7 jours de la semaine sont : lundi, mardi, mercredi, jeudi, vendredi, samedi et dimanche.

MOIS DE L'ANNÉE.

Les 12 mois de l'année sont : janvier, février, mars, avril, mai, juin, juillet, août, septembre octobre, novembre et décembre.

LES SAISONS.

Les 4 saisons de l'année sont : le printemps, l'été, l'automne et l'hiver.

<div align="center">~~~~~~~~~~~~~~~~~~~</div>

49ème Leçon. **50ème Leçon.**

LE PETIT ÉCOLIER.

L'an dernier, j'entrais à l'école,
A peine âgé de mes cinq ans.
Tout petit, d'un esprit frivole,
J'étais parmi les ignorants.

Sans aucun goût pour la lecture,
Chez mes parents, je babillais ;
Resté rebelle à l'écriture,
Le plus souvent je m'amusais.

Aujourd'hui, j'écoute mon maître ;
Docile, j'apprends avec soin,
Et sage, comme il convient d'être,
Je mérite plus d'un bon point.

Je sais compter, écrire et lire,
Et répète bien ma leçon.
Je peux avec fierté le dire :
Je suis devenu grand garçon.

D. B.